AF460915

UN CADET

en 1792

CHARLES DE CORNIER

PAR

Joseph de VIVIE

Ancien Magistrat.

BORDEAUX

IMPRIMERIE VICTOR CRESPY

18 & 20, Rue Gouvion, 18 & 20

1886

UN CADET
en 1792

Charles de CORNIER

PAR

JOSEPH DE VIVIE

Ancien Magistrat.

La gloire des généraux célèbres — c'est une vérité banale — est faite avec les dévouements de milliers de héros obscurs. Nous avons retrouvé, pieusement conservée par sa famille, la correspondance de l'un de ces héroïques inconnus, et le récit de sa mort écrit par ses camarades, à l'avant-garde de l'armée du Rhin, en l'an II. Il se nomme Charles de Cornier.

Il nous a semblé que ces lettres pouvaient offrir de l'intérêt même à d'autres qu'aux arrière-neveux de leur auteur, et qu'elles pouvaient fournir plus d'un enseignement précieux.

Les beaux exemples de patriotisme sont, en effet, toujours bons à rappeler ; puis notre héros vécut dans un temps avec lequel le nôtre n'a que de trop fréquentes analogies.

C'est ainsi qu'avant de recueillir son humble mais formel témoignage contre la tyrannie révolutionnaire, nous le verrons assister, frémissant d'indignation, à l'expulsion de ses maîtres, les religieux de Sorèze.

Charles de Cornier était né à Marmande au mois d'août 1775. Sa mère, Louise de Morlet, appartenait à une famille où la valeur et les aptitudes militaires sont de tradition. — (La famille de Morlet a, en effet, donné à la France, depuis la Révolution, toute une pléiade d'officiers généraux, et elle comptait alors dans l'armée royale cinq de ses membres, cinq frères, tous chevaliers de Saint-Louis avant 1789.) — Son oncle paternel, Saint-Denys de Cornier, était garde du corps du roi, et son père Henry-Louis de Cornier était un de ces excellents officiers de l'armée royale qui, par leur courage aussi bien que par leurs connaissances techniques, sauvèrent, pendant la guerre de Sept Ans, l'honneur français compromis par l'impéritie du commandement en chef.

Henry-Louis avait appris de bonne heure son métier de soldat, puisque né en 1734, dès 1746 il rejoignait en Italie l'armée du maréchal de Maillebois et assistait à la bataille de Plaisance où il vit tomber son frère aîné, *cadet* comme lui au régiment d'Anjou.

Capitaine au régiment de cavalerie de « Clermont-Prince », il fit, et de la manière la plus brillante, toutes les campagnes de la guerre de Sept Ans, depuis la formation du régiment (1758) jusqu'à la paix. Le 25 septembre 1759, à Luc-Dortmunde, il fut blessé de trois coups de sabre au bras droit ; le 3 juin 1762, à l'affaire de Cheremberg, il reçut un coup de sabre à la joue. Aussi, le 29 août 1762, n'ayant pas encore vingt-huit ans, il était fait chevalier de Saint-Louis.

Les héritiers de la famille de Cornier possèdent encore quelques fragments de la correspondance militaire de leur ancêtre durant la guerre de Sept Ans. Des ordres de marche signés du marquis de Comeyras, maréchal de camp, qui paraissent fort bien entendus, et une lettre du même officier général qui montre bien quelle était la valeur militaire de M. de Cornier ; la voici :

« Klein-Kerckuir, 31 mai 1762, 8 heures du matin.

» Je consens bien volontiers, Monsieur, à vous don» ner la liberté de faire quelque coup, et c'est, comme » vous le savez, avec confiance. Ainsi faites ce que vous » jugerez à propos et convenable. Ne vous laissez pas » conduire seulement par votre courage, et usez un peu » de prudence. Je vous donne jusqu'au 3 au soir ou le 4 » dans la matinée, pour rentrer. Je serai probablement » encore ici... » Suivent des instructions détaillées sur la manière d'assurer leur correspondance pendant ces trois jours de liberté, et la lettre se termine ainsi : « ... Si » dans vos marches vous découvrez quelque chose d'in» téressant, faites-le-moi savoir sur-le-champ. *Adieu,* » *sagesse et fortune !*

» Comeyras. »

» Il ne faut pas que vous vous jetiez trop sur votre » gauche du côté de Munster, parce que j'envoie dans » cette partie, et que j'aime mieux que vous attiriez » l'attention de l'ennemi entre la Lippe et Munster. »

Comme on le voit, malgré les défaillances du commandement, l'armée française ne manquait pas d'officiers braves et hardis sachant, comme on dirait aujourd'hui, mener en territoire ennemi un *raid* audacieux.

En 1786, le jeune Charles de Cornier entra à l'Ecole militaire de Sorèze, alors entre les mains des Bénédictins. Sous l'habile direction de Dom Despault, elle était devenue le rendez-vous de l'élite de la jeunesse de nos provinces du Midi.

Nous avons sous les yeux le programme des exercices publics des élèves de Sorèze pour le mois de septembre 1790. En le lisant, on a peine à croire qu'il date d'un siècle, tant il contient de points de ressemblance avec les programmes inaugurés dans les trente dernières années par nos prétendus novateurs. On est frappé de la large place faite par les Bénédictins à l'enseignement des sciences, de la géographie et des langues vivantes ; de l'importance qu'ils donnent aux exercices du corps. Les élèves devaient être interrogés sur l'allemand, l'anglais ou l'italien. Il y avait des exercices publics d'équitation, d'escrime, de natation et même de danse. « Les élèves » devaient danser quelques pas de caractère et exécuter » trois divertissements ou ballets. » Il n'est pas jusqu'à la fameuse bifurcation qui ne fût en honneur chez eux. S'ils nous ont laissé la gloire d'inventer le mot, ils avaient adopté la chose, et ceux de leurs élèves qui se disposaient à entrer de bonne heure dans l'armée abandonnaient l'étude du latin pour consacrer tout leur temps à l'étude de la langue française, de la géographie, de l'histoire et des sciences.

Le jeune Cornier, dont la vocation militaire n'était point douteuse, avait pris ce dernier parti. Il en informait son père, par une lettre du 31 mai 1787, dans les termes suivants : « ... Je suis très content, surtout » depuis que vous m'avez fait quitter le latin ; on m'a » mis dans une classe de langue française, d'histoire et » de géographie, où je fais des progrès assez sensibles. » L'allemand va toujours bien. Il suffit que vous le » regardiez comme nécessaire pour que je m'y appli-

» que avec le plus grand zèle. Je désire ardemment de » vous donner des marques de reconnaissance en profi- » tant de l'éducation que vous m'avez procurée, et de » vous convaincre du respectueux attachement avec » lequel je serai toute ma vie, mon cher papa, votre » dévoué et soumis fils. »

Cette lettre nous fournit d'intéressants détails sur les programmes des études de Sorèze, mais nous y voyons aussi que l'on comprenait dans l'ancienne France l'utilité de l'étude des langues, si oubliée chez nous avant les épreuves de 1870, et nous y trouvons enfin des expressions de respect filial qui honorent sans doute l'enfant de douze ans qui les formulait si bien, mais qui portent aussi le témoignage d'une forte discipline domestique qui se retrouve peut-être bien rarement aujourd'hui.

Lorsque Charles eut atteint sa quinzième année, son père, qui avait hâte de le voir entrer dans la carrière, lui fit donner des répétitions. Le préfet des études, Dom Dulau, chargea de ce soin l'un de ses meilleurs professeurs, Dom Basset. Celui-ci écrivait à M. de Cornier, le 28 décembre 1790, une lettre qui mérite d'être reproduite, parce qu'elle fait un portrait intéressant de notre héros et montre comment les congrégations religieuses comprenaient alors l'éducation de la jeunesse :

« Monsieur, Dom Dulau, mon ami particulier, m'a fait » un véritable cadeau en me confiant les soins parti- » culiers de Monsieur votre fils. La satisfaction que m'a » donnée cet enfant les deux années qu'il a été sous » mes leçons, *son inclination naturelle pour tout ce qui est* » *bien*, ses dispositions, son goût pour le travail, l'ama- » bilité de son caractère, tout m'engage à l'accepter

» avec plaisir. Le portrait de votre cher fils n'est point » flatté ; je me croirais indigne de mon état si j'altérais » la vérité dans tout ce qui le concerne : d'ailleurs vous » venez de le voir, de vivre avec lui (pendant les vacan- » ces de 1790), et je suis persuadé que, quoique vous » l'ayez vu avec des yeux de père, vous ne l'avez pas » mieux jugé que moi. Je ne cesse de lui répéter qu'il » est dans l'âge d'acquérir, que c'est actuellement qu'il » jette les fondements de son bonheur ou de son » malheur futur ; qu'un homme qui n'est point instruit » est à charge à lui-même et aux autres ; qu'une éduca- » tion soignée est le meilleur bouclier qu'on puisse » opposer aux événements de la vie ; enfin, qu'à l'ave- » nir, un Français tiendra tout de son mérite, de son » instruction et de ses vertus. Il est assez raisonnable » pour sentir toutes ces vérités, et se conduire de ma- » nière à tirer un parti avantageux des sacrifices que » vous faites pour son éducation. »

Sa famille a conservé presque toute la correspondance de cet intéressant écolier, elle fournit la preuve que Dom Basset n'exagérait point en parlant dans des termes aussi flatteurs de l'intelligence et du bon naturel de son élève, mais pour le faire complètement connaître, il suffit de citer quelques lignes de son bulletin des mois de janvier et février 1790, le seul que nous ayons retrouvé : « *Santé* : constamment bonne, complexion » robuste. — *Géométrie et Algèbre* : intelligent, appliqué, » fait très bien, etc... — *Conduite* : irréprochable à tous » égards, *se portant toujours à son devoir par inclination.* — » *Caractère* : doux, sensible, gai, se faisant aimer de tous » ses maîtres. »

Le préfet des études, Dom Dulau, ajoutait au bulletin

la note suivante : « Dom Dulau ne saurait trop féliciter » M. et Mme de Cornier d'avoir un fils aussi aimable. »

Jusqu'au jour où il quitta Sorèze, au mois d'août 1791, Charles de Cornier continua à mériter l'affection de ses maîtres, mais dès 1790 des préoccupations plus graves venaient troubler la vie calme et si bien réglée du collège. Les bruits du dehors franchissaient les murailles de la vieille école, semant dans sa jeune population les germes des passions qui divisaient déjà notre malheureux pays.

Dans la plupart des lettres du jeune Cornier on trouve trace de ces préoccupations nouvelles, elles reflètent l'état des esprits dans l'école, et l'émotion causée à cette jeunesse par les mesures révolutionnaires qui menaçaient d'expulsion ses maîtres les plus dévoués. Il écrivait à sa sœur en mai 1791 : « .....On a envoyé à Revel des » troupes pour contenir le peuple qui, dans ce pays, est » extrêmement mutin. Oh ! que les troupes sont peu » disciplinées et les lois sans force. Dans le régiment » « Dragons du Roi », un officier a voulu reprendre un » soldat, tout le régiment est entré en rumeur et il s'en » est peu fallu que le brave capitaine fût..... tu sais, le » fameux mot « A la lanterne ! » La garde nationale a » fait le catafalque de Mirabeau et, sous les armes, elle » a entendu son oraison funèbre prononcée par un » Bénédictin, le professeur de rhétorique (Dom Ferlus). » Dans son discours il s'étend beaucoup sur sa politi- » que et son éloquence, mais il feint d'ignorer les atro- » cités de sa vie privée ..... Le fils du roy d'Angleterre » vient de passer ici. On a fait beaucoup de préparatifs » pour lui; il y a eu concert, manège, exercices militai- » res, armes. Ce prince ayant été à Castelnaudary a été » pris pour un espion et obligé de partir. »

Le 6 juin : « .....Un fou qui se trouve à Sorèze a fait » un discours au club de Revel sur l'éducation. Après » avoir débité beaucoup de sentences, il finit sottement » par dire qu'on doit chasser les Bénédictins de l'école » de Sorèze. Ne trouves-tu pas que c'est un procédé » horrible, et ce qui est plus, c'est qu'il a été élevé par » eux. Si c'est un imbécile il faut le laisser, mais si » c'est un fou il faut l'enfermer. Si on propose le ser- » ment aux Pères, deux seuls resteront, et tu penses » que le Collège ne pourra pas aller sur le pied d'autre- » fois. Aussi l'ennui commence-t-il à me prendre, » sachant que le Collège peut, à chaque instant, être » renversé. »

Il écrit le 29 juin 1791 à son père : « ..... Nous » vivons, à Sorèze, dans un pays fort tranquille, quoique » environné de factieux. Il se pourrait que cette peste » s'y fît aussi sentir, d'autant plus que les écoliers ne » sont pas modérés...... On n'a pas encore proposé le » serment aux Bénédictins, mais si on le propose, » Sorèze sera bien peu de chose, car ne voulant pas » renoncer à la foi de leurs pères, ils le refuseront et » seront obligés de partir...... Un mot, l'objet est inté- » ressant. On me dit que le roi a été arrêté ; un repas » de réjouissance se fait à Revel. »

Quelques jours plus tard :

« Mon cher papa, vous avez peut-être pensé que les » troubles de la France ont diminué le zèle des élèves ; » que l'abolition des Bénédictins avait dérangé l'ordre du » collège. Mais non, ces messieurs ont toujours la même » exactitude à remplir leur devoir. Quoique ce qui » nous entoure soit trouble et sédition, quoique tout le » monde semble s'armer pour le mal, notre ardeur pour

» le travail s'accroît avec les maux de notre empire, et » nos succès répondent à notre zèle. Peut-être *par* » *notre travail nous prouverons la nécessité de nos institu-* » *teurs.* »

Les élèves de Sorèze avaient assurément trouvé la meilleure des protestations contre la persécution religieuse, mais elle ne devait pas être entendue.

Nous trouvons dans le journal du jeune Cornier, daté du 4 août 1791, d'intéressants détails sur les derniers jours de cette brillante école : « ...... Des commissaires » arrivent de Castres. Dom Despault n'y est point, on » l'attend. Arrivé, on lui propose le serment, il refuse » et donne sa démission. Il vient à un endroit où nous » sommes tous assemblés, il parle et nous arrache à » tous des larmes. Comment les lui refuser ! cet homme » qui a fondé le collège, qui, par ses talents et ses » lumières, l'a rendu la première école de l'Europe, va » partir, et parce qu'on le chasse.

» Nous allons lui faire nos adieux ; il ne marque » aucune faiblesse, mais comme il allait mettre le pied » dans la voiture, ses larmes coulent, il nous embrasse ! » Le même soir, le jeune Bénédictin appelé Dom » Ferlus nous fait un discours qui nous aurait portés » pour lui si nous n'avions su ce qui s'était passé, mais » le sachant, nous ne le regardâmes que comme un » hypocrite. On ne voit tous les jours que des écoliers » et des Bénédictins qui partent, en sorte que dans ce » mois, il est parti plus du tiers du collège ; vingt » écoliers sont partis en deux jours et, en six jours, » dix-huit Pères.

» Le lendemain du départ de Dom Dulau, j'ai voulu » aller dans sa chambre. Je n'ai trouvé qu'un billet sur

» la cheminée, il me donnait quelques commissions et » me faisait les plus tendres adieux.

» Le collège va tous les jours on ne peut pas plus » mal ; il n'y a que deux Bénédictins, précisément les » moins capables de le gouverner. Nous sommes sans » maîtres, sans livres, dans l'ennui depuis le matin » jusqu'au soir. On nous traite à coups de bâtons, car » ce sont des domestiques qui ont succédé aux Pères. Il » ne reste dans les premières classes, outre moi, qu'un » seul écolier. Je suis absolument sans amis. »

Dans de pareilles conditions, le séjour de Sorèze ne pouvait plus offrir aucun avantage. M. de Cornier rappela son fils, mais, malgré sa tendresse, ou plutôt à cause de sa tendresse pour ce fils qui lui donnait de si belles espérances, il ne songea pas à le garder auprès de lui. Charles avait atteint sa seizième année ; à son âge son père n'avait-il pas déjà plusieurs années de service ? Dès le mois de novembre 1791, il allait rejoindre à Lyon le régiment des « chasseurs de Bretagne », dont son père était le doyen.

Quoique des infirmités précoces eussent depuis plusieurs années éloigné M. de Cornier du service actif, le souvenir de ses brillantes qualités vivait encore dans ce corps où il avait servi depuis 1758. En effet, les « *Chasseurs de Bretagne* », c'était, sous un autre nom, le régiment de Clermont-Prince dans lequel était entré M. de Cornier lors de sa formation en 1758.

Clermont-Prince était devenu la *légion de Condé*, puis une ordonnance royale du 25 mars 1776 ayant supprimé la cavalerie des légions, l'escadron de M. de Cornier avait formé l'escadron de chasseurs du régiment des « dragons de Penthièvre ». Enfin en 1779, en vertu d'une ordonnance du 29 janvier, les chasseurs des vingt-quatre régiments de dragons formèrent six régiments de chasseurs, et l'escadron de M. de Cornier fut compris au 6e régiment de l'arme des « chasseurs de Bretagne », qui, lors de la réorganisation de 1791, devint le 10e régiment de chasseurs à cheval.

M. de Cornier n'avait pas cessé d'entretenir de fréquentes relations avec son cher régiment, et en 1790, le vicomte de Coulongeon, alors colonel, le remerciant d'avoir fait des recrues pour le régiment, ajoutait qu'il espérait recevoir bientôt de lui une recrue plus précieuse, pour laquelle il réservait le premier emploi vacant. Il parlait du jeune écolier de Sorèze.

Le 13 novembre 1791, Charles rejoignait à Lyon, et le 17, il écrivait à son père :

« Je suis arrivé à Lyon le 13, bien portant, rempli » du désir de vous satisfaire. Le lendemain j'ai été » trouver M. d'Elbé qui commande ici, il m'a fait beau- » coup d'amitiés, et ces différents témoignages m'ont » fait sentir combien vous étiez aimé au régiment, et » c'est moi qui en cueille le fruit ! O mon père ! com- » bien je dois vous bénir. M. d'Elbé m'a mené diner » avec lui ; là j'ai vu tous les officiers à l'exception de » M. Duval... »

N'ayant que six cents livres de pension, il mange avec les sous-officiers, « gens très honnêtes, écrit-il à son » père, qui vous ont tous connu et qui, par conséquent, » ont plus d'amitié pour moi. » -- M. de Cornier augmente la pension de Charles, mais veut qu'il prenne place à la table des officiers. Charles préfère rester avec les maréchaux des logis : « Permettez, écrit-il, que je » fasse de mon argent un meilleur usage ; que je gar-

» nisse ma bibliothèque, que j'aie plus de maîtres, et » enfin que j'épargne quelque chose en cas de campa- » gne, et ensuite pour faire bâtir, comme je l'ai promis » à mon oncle, l'aile droite de la maison.....

» La comédie est très agréable à Lyon, eu égard aux » bons acteurs. Je puis me mettre à quelque endroit que » ce soit parce que MM. les officiers ne se sont abonnés » qu'à condition qu'on laisserait entrer tous les volon- » taires, les maréchaux des logis et deux chasseurs de » chaque compagnie..... »

Charles ne put pas jouir longtemps de l'agréable Comédie de Lyon. Dès le commencement de 1792, les régiments gagnaient la frontière, prêts à commencer les grandes guerres qui devaient jeter un voile de gloire sur les crimes de la Révolution.

Charles écrivait le 19 mars 1792 : « Mon cher père, » me voici donc arrivé ; j'ai terminé heureusement une » route assez longue..... Le régiment est divisé dans » quatorze villages. L'état-major est à Penfeld...... Je » suis détaché avec quatorze chasseurs à Saxeneim, qui » est à demi-lieue du Rhin. Tous les dix jours je suis » envoyé pour la garde d'une redoute qui est sur le bord » du Rhin. Je m'amuse comme un roi dans mon vil- » lage, je dessine, j'écris, je me promène, fais mon ser- » vice, tout cela occupe ma journée. On nous parle beau- » coup de la guerre, mais je ne puis croire qu'elle » existe, tout est tranquille de l'autre côté du Rhin, » les esprits plus portés à la paix que dans l'Alsace où » la religion et les assignats portent les habitants à sévir » contre la Constitution. M. du Chastelet, colonel du » régiment, à son retour de Paris, m'a pris en particulier » et m'a dit que vu l'impossibilité d'être placé bientôt

» dans le régiment, il avait parlé à M. de Narbonne qui » lui a dit qu'il disposerait suivant ses volontés de plu- » sieurs places dans les légions qu'on va former et qu'il » lui écrirait à mon sujet. Si vous voulez y consentir, » mon père, répondez-moi promptement, je vous prie. » Je suis avec le plus profond respect votre très humble » et très obéissant fils. — *P.-S.* M. de Mirabeau a été » tué d'un coup d'épée. »

Le 29 mars, ayant déjà le pied à l'étrier pour aller garder une redoute au bord du Rhin, il écrit que le colonel le propose pour être fait officier; il lui faut un extrait de baptême lui donnant dix-huit ans.

Il écrit le 29 mai : « Si vous ne me faites pas avoir » un extrait de baptême portant que j'ai dix-huit ans, » je ne peux être placé avant six ans de service, aussi je » vous prie de me le faire avoir au plutôt.

» Me voici enfin sorti de mon village ainsi que tout » le régiment, et nous voilà renfermés à Schlestadt. » M. de Luckner qui nous faisait l'honneur de nous » choisir pour former l'avant-garde de son armée, va » prendre l'armée de Flandre où l'on se bat à force, et » nous restons dans l'oisiveté ! Cette idée nous ré- » volte. — M. du Chastelet est nommé général à » Schlestadt. »

Dans sa patriotique ardeur, le vaillant jeune homme voulait faire antidater son acte de naissance, un faux ! Le *crime* qu'il sollicitait fut commis sans doute, puisqu'il était officier peu de temps après. Heureuse la France, si tous les crimes de ce temps n'avaient pas eu plus de gravité, et s'ils avaient eu un aussi noble mobile !

Toute la correspondance de notre héros confirme le

jugement porté sur lui par les Bénédictins de Sorèze. Elle nous le montre aimé de ses camarades et de ses chefs et « *se portant toujours à son devoir par inclination* ». Les chefs du corps voulaient faire un officier de cet enfant passionné pour son métier de soldat et montrant déjà des aptitudes militaires remarquables, mais le brevet de sous-lieutenant, dont il était si digne, se faisait attendre et le moment d'en venir aux mains approchait !

Il confiait à ses parents ses espérances et ses déceptions : « Strasbourg, 18 juin 1792. — Chère maman...
» J'étais détaché à Barcelone d'où je vous ai écrit,
» lorsque M. d'Ostein m'a fait relever pour me faire
» entrer pendant quelque temps dans un bataillon de
» garde nationale. Les choses ont tourné de manière
» que le commandant de ce bataillon m'a donné un
» certificat qui atteste que j'ai été volontaire dans ce
» bataillon depuis le commencement de la Révolution.
» Ce certificat a été apostillé de M. de Broglie et de
» M. de Lamorlière, et puis envoyé au ministre, qui
» d'après ces autorités ne peut pas me refuser une
» place. » Il ajoute dans la même lettre :

« Je viens d'avoir une petite brouillerie avec
» MM. d'Elbé et de Bideren, je vais vous l'expliquer. Je
» me trouvais de faction devant la chambre de M. d'Elbé ;
» comme il était sur le point de souper il m'envoya cher-
» cher et me fit souper avec lui ; M. de Bideren y était.
» On parla des affaires du régiment. M. d'Elbé ayant
» examiné le catalogue de ceux qui entraient en cam-
» pagne, il trouva que j'étais du nombre. Or, comme
» M. de Bideren reste au dépôt il prétend que je de-
» vrais y demeurer aussi, « parce que, dit-il, au camp

» vous serez on ne peut plus mal, sur la paille, dans la » boue, dans la misère, continuellement à cheval... » » Je réfléchis un peu et je vis combien j'aurais tort de » rester au dépôt. D'abord il faudrait me remplacer, or » vous sentez facilement que je serais au désespoir que » quelqu'un s'exposât aux douleurs, aux fatigues, à la » mort même par rapport à moi ; une âme bien née » peut-elle céder son tour pour sauver sa patrie lors- » qu'elle est dans la détresse ! En sorte que j'ai pris les » moyens de partir. MM. d'Elbé et de Bideren sont » fort irrités. »

« Strasbourg, 28 août 1792. — Cher père, il est ar- » rivé bien des changements depuis la dernière lettre » que j'ai reçue de Lamouthe (maison de campagne » habitée par la famille de Cornier). Je me suis vu sur » le point d'être reçu, et tout à coup mes espérances se » sont évanouies par une *lettre expresse du ministre qui » m'a exclu par le moyen même que j'avais pris*, en sorte » que je ne puis avoir d'autre avancement qu'en pas- » sant par les grades. » (C'étaient les recommandations de MM. de Broglie et de Lamorlière qui avaient valu au pauvre volontaire la *lettre expresse* du ministre. Il est heureux que Kléber et Marceau n'aient pas rencontré de tels protecteurs au début de leur carrière, ils n'au- raient peut-être jamais commandé une compagnie.) « M. d'Elbé à cette nouvelle était fort embarrassé, il » voulait que je m'en retournasse. Persistant toujours » dans mes idées militaires telles que vous les avez con- » nues, joint à cela un peu de philosophie, je ne me » laissai point abattre, *je crus au contraire que le moyen » d'y rémédier était d'augmenter de zèle et de travail*. Les » occasions de se manifester devinrent bientôt plus fré-

» quentes, car l'armée reçut le lendemain les ordres de » partir et tourna sa marche vers Landau. Arrivés près » de cette ville on nous envoya cantonner dans un vil- » lage du Palatin Les Impériaux et Emigrants, qui étaient » dans les bois près de là, sont venus sur trois colon- » nes et nous ont forcés à battre en retraite. Nous avons » demeuré toute la nuit à cheval, et le lendemain ma- » tin, l'armée est partie et nous nous sommes retirés » sur Wissembourg. Nous avons bien quelquefois ren- » contré des patrouilles, mais elles ont fui au premier » coup de pistolet.

» Dans une patrouille, M. d'Angellin m'envoya pré- » férablement pour reconnaître un village où l'on disait » que l'ennemi était. La manière dont je disposai mes » hommes sur les flancs du village pour en faire la dé- » couverte, lui fit augurer très bien de mes jeunes ta- » lents militaires. Cela fait que mes officiers m'ont tou- » jours employé dans ces petits détachements, aussi se » sont-ils tous réunis pour me nommer brigadier-four- » rier. Je crois que je serai maréchal des logis dans » peu. Après cela j'aurai le pied à l'étrier et ne demeu- » rerai pas longtemps sans place. La Compagnie où je » suis étant une de celles qui ne marchent pas, on m'a » renvoyé à Strasbourg, en sorte que je n'ai que deux » mois de campagne, mais j'ai toujours vu l'ennemi. » M. de Marigny est mon capitaine, M. d'Elbé est » colonel. »

« 28 octobre 1792. — Cher père, je n'ai qu'une mi- » nute pour vous écrire et j'en profite pour vous appren- » dre que je viens d'être *reçu sous-lieutenant*. J'en dois » remercier MM. de Marigny et Zeller, mais sans vous, » tous les officiers auraient-ils demandé de me voir

» leur camarade ? Oui, mon père, c'est vous qui, par » une conduite aussi distinguée, les avez forcés à pren- » dre cet intérêt à tout ce qui vous touche...... »

Le jeune officier donne d'intéressants détails sur les dépenses auxquelles sa nouvelle position l'oblige. Il lui faut deux chevaux et un domestique. Les galons sont très rares à Strasbourg et l'équipement à la hussarde très cher. Les chevaux sont à si haut prix, que l'on trouve bon marché une jument qui lui a coûté vingt-cinq louis en espèces. « Il est vrai, ajoute-t-il, qu'elle » est superbe et que je suis un des mieux montés du » régiment. »

Le 29 décembre 1792 il écrit à sa sœur, de Strasbourg, qu'il a eu la chance de rencontrer un ancien camarade de son père, dans la famille duquel il a été accueilli comme un fils. Il donne l'emploi de son temps depuis le moment où il se lève, six heures et demie, pour assister au pansage des chevaux, jusqu'à celui où finit la comédie à huit heures du soir. Sa journée est des mieux remplies, car en dehors du service, il prend des leçons d'escrime, de danse, d'allemand, il dessine...... « A huit heures, dit il, je me retire et je lis. » A dix heures, je *pense à Lamouthe* (la maison pater- » nelle), et je me couche rempli de son idée. Juge » combien mon sommeil doit être doux ! »

Son inaction lui pesait ; les succès de l'armée de Dumouriez exaltaient son imagination, et soldat, il ne voyait, dans les terribles événements de cette époque, que le sol de la patrie menacé par l'étranger.

« Enfin, nous voici en guerre avec toute l'Europe, » écrit-il le 18 février 1793, c'est à présent qu'il faut » donner un grand coup de collier. J'ai grande confiance

» dans les Français ; leurs derniers succès les ont telle-
» ment enhardis qu'ils ne soupirent qu'après le moment
» de la bataille. D'après toutes les apparences, je ferai la
» campagne prochaine.

» Le corps d'officiers du bataillon de notre pays est
» vraiment brave. Ils l'ont prouvé ici dans plusieurs
» occasions, et ils ont une réputation excellente ; ils sont
» d'ailleurs bons enfants, aiment le plaisir et la gaîté.
» Leurs commandants, les citoyens La Bruyère et Bais-
» sac, me chargent de vous dire bien des choses, ainsi
» que La Regnière, capitaine, qui a connu mon oncle
» au Pierrail. »

Voilà, certes, une lettre joyeuse, et, en vérité, il y avait de quoi. Enfin nous étions en guerre avec toute l'Europe et le moment de la bataille était proche. Hélas! avant de rencontrer l'ennemi, le pauvre lieutenant avait à traverser de cruelles épreuves.

Dans ces tristes jours de 1793, les soldats de la République n'ont pas seulement assuré l'intégrité du territoire, ils ont sauvé l'honneur de la France. Les grandes actions de ces patriotes nous consolent des exploits des sans-culottes de l'intérieur.

Dans les camps on ne voyait que l'ennemi, le territoire menacé, la France humiliée. On ne connaissait de la Convention que ses proclamations enflammées contre les tyrans, on ignorait quels crimes elle commettait au nom de la liberté.

Dans la vie civile, au contraire, on se heurtait chaque jour à ses iniques décrets, et atteints à la fois dans leurs intérêts matériels et dans leurs consciences, les citoyens se révoltaient contre la criminelle tyrannie de la fameuse Assemblée.

En Alsace, la population se soulevait, et avant d'aller à l'ennemi notre héros eut à réprimer la révolte. Il écrivait de Strasbourg le 20 mars 1793 :

«... Nous sommes ici surchargés de service par rapport » à la mauvaise volonté des habitants. Si le reste de la » France n'était pas plus patriote, il y a longtemps » que la Constitution (elle avait été déchirée le 10 » août), serait renversée. Il ne s'est présenté que » quatre hommes de bonne volonté pour le nouveau » contingent que l'on doit fournir. Voyant qu'on vou- » lait les faire tirer au sort, hier, vers onze heures du » soir, ils se sont ameutés; j'étais de piquet, j'ai eu » toutes les peines du monde à ramener le bon ordre. » Nous en avons pris beaucoup, surtout une grande » quantité de *juifs*. J'ai été à cheval toute la nuit..... » Je vous dis, mon père, nous sommes ici continuelle- » ment sur le qui-vive. Nous découvrons toujours de » nouveaux complots, de nouvelles horreurs. Vous ne » sauriez croire combien la nouvelle de notre échec » dans la Belgique a rendu content ce peuple fanatique. » Les assignats, depuis ce moment, ont tellement perdu » qu'ils sont à 48 o[o. »

Le 31 mars 1793, à sa sœur : « Il est, ma chère » sœur, de ces scènes d'horreur où le cœur vraiment » navré ne trouve de soulagement que dans l'épanche- » ment. Je viens d'être présent à un de ces spectacles » de sang, où l'humanité souffre toujours quoiqu'elle » sente le supplice nécessaire. Je suis aussi brave qu'un » autre, mais je ne puis te déguiser que j'ai frémi à » l'aspect du supplice lorsque j'ai vu trois malheureux » égarés par des prêtres fanatiques mourir sous la terri- » ble guillotine.

» O ma chère amie, c'est en sortant de cette scène » horrible que le cœur encore saignant et l'œil humide » je viens tâcher de dissiper ma douleur en m'entrete- » nant avec ma chère sœur. Tu ne saurais t'imaginer » combien ce peuple est fanatique dans ce pays-ci. Je » suis depuis trois mois presque toujours sur les che- » mins pour ramener l'ordre dans ce département. J'y » ai rencontré jusqu'à des prêtres réfractaires habillés en » femme, pour se cacher à nos yeux et corrompre le » peuple.

» Avant-hier on me commande de détachement pour » me rendre à Molsheim, bourg à trois lieues de Stras- » bourg. J'arrive, les habitants font une décharge sur » nous, mais heureusement ne tuent personne. Je fais » envelopper le village, nous en prenons dix-huit des » plus déterminés, entr'autre, un émigré et deux » paysans qui *paraissent* avoir fomenté la révolte Je les » ai amenés à Strasbourg, et l'on m'a commandé tout » à l'heure pour les aller chercher à la prison. Je les ai » ramenés sur la place où ils viennent d'être exécutés...

» Je crains que les échecs multipliés que nous venons » d'avoir ne ralentissent un peu l'envie de s'enrôler, car » tel est le caractère du Français. Le plus petit avantage » l'anime, développe en lui toute l'énergie de son carac- » tère, tandis que le plus petit échec anéantit son âme et » l'abat... Que nous sommes éloignés du caractère des » Romains que nous cherchons à imiter. Eux étaient » toujours grands dans toutes les vicissitudes de la » vie. Rome perdit quarante batailles rangées et rédui- » sit Carthage en cendres. »

Voilà un document qui a bien son prix pour l'histoire de la Révolution. L'Alsace, certes, n'était point, des provinces de France, la moins dévouée à la patrie, et nous voyons là quels sentiments lui inspirait le gouvernement révolutionnaire, et combien se sont trompés, pour cette province au moins, les hommes qui nous ont représenté la Convention comme l'exécutrice de la volonté nationale. Le pouvoir appartenait à des hommes absolument inconnus quelques mois auparavant et que leur génie ne semblait pas appeler à de hautes destinées. Ils devenaient, eux, des personnages historiques, pour quelques-uns même, des *géants*. Mais la France, qu'en faisaient-ils ? En Alsace, le papier-monnaie perdait 52 o[o; voilà pour la fortune publique !

Les prêtres fidèles à leur vocation devaient recourir à des déguisements pour remplir leur ministère. On les accusait de corrompre les populations religieuses (on disait alors fanatiques, on dirait aujourd'hui cléricales), qu'ils ne voulaient point abandonner, et on les jetait en prison en attendant mieux. Voilà pour la liberté religieuse !

Et quelle justice ! Le détachement du 10e chasseurs arrête *deux paysans* qui *paraissent* avoir fomenté la révolte, et quelques heures après, sans autres formes, sur cette seule apparence, les pauvres gens sont exécutés.

Quelle besogne pour cet enfant de dix-huit ans que les Bénédictins de Sorèze, dont il était l'élève préféré, nous ont dépeint sensible et doux. Pour se soustraire à l'horreur de pareilles scènes, il s'épanchait dans une lettre à sa jeune sœur, il se réfugiait dans la pensée de la famille et les souvenirs heureux de l'enfance.

Il portait aussi son regard sur l'âge héroïque de la Rome antique, évoquant le souvenir de quarante batailles rangées et de la grande ennemie de la patrie enfin réduite en cendres.

Heureux encore les soldats dans cette triste époque. Le voisinage de l'ennemi, leur rude labeur militaire, ne leur laissait pas le temps de connaître les actes du gouvernement, encore moins de les juger ; ils n'avaient pas le loisir de s'indigner.

La Convention leur dénonçait partout d'horribles complots, et, dans des actes de résistance trop justifiés, ils voyaient d'abominables conspirations.

Cependant les crimes de 93 ne portaient pas bonheur à nos armes, et l'armée du Rhin avait besoin de toutes ses forces pour résister à des ennemis autrement redoutables que les *fanatiques* de Molsheim.

A partir du mois d'avril 1793, la correspondance de Charles de Cornier est tout entière consacrée aux opérations militaires, il écrit :

« Strasbourg, 22 avril 1793. — Cher papa, vous » avez sans doute vu les détails des différentes affaires » qui ont lieu près du pays que j'occupe, mais vous ne » les aurez pas vues sous leur véritable jour. Les lettres » réitérées de Custine à la Convention ont fait paraître » les choses sous l'aspect le plus agréable. Ce général a » ébloui les yeux du vulgaire par ses belles promesses, » par des mensonges réitérés. Mais un œil un peu mi- » litaire qui fixe ses différentes opérations, voit qu'un » caporal d'infanterie eût remporté autant d'avantages » que lui et ne se fût peut-être pas fait battre à toutes » les rencontres. Custine avait un aide de camp qui a » dirigé toutes ses opérations ; autrement ce général » n'a pour lui qu'un courage, à la vérité, à toute » épreuve.

» Custine, après avoir jeté ses forces pour la défense » de Mayence, voyant les ennemis qui s'approchaient,

» n'a pas voulu porter son canon sur la hauteur, d'où, » prenant l'ennemi en flanc, il l'aurait foudroyé et forcé » à la retraite. Houchard le lui conseille, Custine, tou- » jours entier dans toutes ses idées, refuse et ordonne » la charge. L'infanterie s'ébranle, la baïonnette au bout » du fusil. L'ennemi est en déroute avant notre appro- » che, mais les nombreux escadrons des ennemis met- » tent, à son tour, notre infanterie en désordre. La » cavalerie française, des trois quarts moins nombreuse, » est encore affaiblie par la lâcheté d'un régiment de » cavalerie qui refuse de charger. Les dragons et chas- » seurs chargent, tout ce qui se présente est emporté. » Mais de nouveaux escadrons prussiens arrivent. *Nos* » *lâches volontaires* fuient, abandonnant leurs armes et » leur drapeau. Notre retraite se fait en désordre jus- » ques dans les lignes de Wissembourg...... »

Cette lettre, quoiqu'elle n'émane pas d'un témoin oculaire, reflète bien les impressions de l'armée vaincue. Le général en chef est rendu responsable de la défaite. Quoique Custine fût un médiocre général, un juge de sang-froid se fût montré pour lui moins sévère, et eût attribué aux *lâches volontaires* une large part de responsabilité.

Le 18 mai, le jeune Cornier rejoignit à son tour l'avant-garde de l'armée du Rhin.

Dire que ses lettres respirent le plus ardent patriotisme, ce n'est pas assez, elles le montrent animé d'un vrai délire patriotique. Pour cette fois, la légende de la Révolution n'a pas menti, et voilà bien le soldat des armées du Rhin ou de Sambre-et-Meuse, tel que l'imagination le rêve et que les poètes l'ont dépeint :

. . . .

« Sans repos, sans sommeil, coudes percés, sans vivres,
» Ils allaient, fiers, joyeux et soufflant dans des cuivres
» Ainsi que des démons.
» La liberté sublime emplissait leurs pensées ! »

. . . .

Qu'on en juge : « Frickenfeld, près Wissembourg, le » 17 mai 1993. — Chère mère, mes vœux sont donc » enfin accomplis. J'avais longtemps gémi d'être con- » finé dans un dépôt, et je jouis à présent du plaisir de » terrasser les ennemis de ma patrie. Qu'ils tremblent, » les despotes, la nation entière se lève pour les anéan- » tir. Pardonnez-moi, maman, si mes expressions ne » sont pas toujours propres dans cette lettre. J'écris au » retour d'une affaire très chaude. L'enthousiasme d'un » homme libre qui veut terrasser les ennemis de sa » patrie est le seul sentiment que je connaisse dans le » moment. Nous partîmes le 16, à huit heures du soir, » pour nous rendre au quartier général de l'avant-garde. » Arrivés là, nous trouvâmes déjà l'armée en mar- » che. On nous mit à la tête de la seconde colonne » et nous marchâmes du côté de Landau, mais avant » d'arriver nous prîmes sur la droite, comme pour aller » à Spire..... Le 10ᵉ régiment de chasseurs se plaça sur » la hauteur. Le régiment marchait présentant le flanc » à l'ennemi ; tout à coup, nous apercevons des cui- » rassiers ennemis qui sortent du vallon. Nous former » en bataille, braver artillerie, mousqueterie, mitraille, » biscayens, charger l'ennemi, le terrasser, passe comme » un éclair. Custine est à notre tête ; il fait mordre la » poussière à plusieurs de sa propre main. Les chasseurs

» auraient marché aux enfers. Les pièces de canon de » l'ennemi sont prises. L'infanterie est repoussée jusque » dans la redoute. Le sang ruisselle de toutes parts. » L'artillerie de la redoute, au lieu de nous intimider, » augmente notre rage. Quoique dispersés, les chas- » seurs essaient d'attaquer des escadrons frais, les cul- » butent, les repoussent jusque dans la forêt. Custine » veut nous rallier, et nous l'étions lorsqu'une nouvelle » infanterie nous tire dessus, l'ennemi avance à son tour. » Nous voyant pris de toutes parts, nous abandonnons » les canons que nous avons pris et nous nous reti- » rons en désordre. On nous rallie et nous finissons la » retraite de l'armée. Nous arrivons à notre cantonne- » ment après avoir demeuré vingt-deux heures à che- » val ; les chevaux et les hommes ne se sont pas rafraî- » chis. Aussitôt arrivé j'ai pris un morceau de pain, des » pommes de terre cuites sous la cendre et un verre de » mauvaise eau-de-vie, ensuite j'ai pris ma plume et » envoyé ma lettre à Lamouthe. Le dessin que je vous » envoie est bien grossier et bien mal dessiné, mais que » peut-on faire de mieux quand on trouve à peine du » papier ?... Je vous écrirai tant que je pourrai. Que ma » sœur m'écrive dix fois par jour si elle veut, elle me » délassera de la fatigue d'une guerre terrible, elle sou- » tiendra mon courage dans les moments où il serait » chancelant, elle soutiendra mon cœur dans son état » de douceur et d'humanité que les spectacles horribles » d'une guerre sanglante pourraient déranger de son » assiette ordinaire. »

« *Du champ de bataille, entre Scheid et Steinfeld,* » *3 septembre 1793*. — Chère sœur... Le 24 nous fûmes » attaqués sur trois colonnes par les points de Joerim,

» Erlebac et Bergsabre. Par une trahison des plus noi-
» res, nous abandonnâmes les positions les plus avan-
» tageuses, et nous nous retirâmes après quelques es-
» carmouches. L'armée était consternée par une retraite
» si honteuse et, ce qui augmentait son désespoir, c'est
» que, toutes les nuits, nous avions des postes surpris ;
» l'ennemi avait notre mot d'ordre pour huit jours, et
» déguisé sous l'habit de nos troupes, nous surprenait
» sans peine.

» ... Le 27, à trois heures du matin, notre infanterie
» attaqua l'ennemi dans les bois, lui tailla en pièces ses
» postes avancés ; ils reçurent de nouvelles forces et
» nous repoussèrent à notre tour. Alors ils nous atta-
» quèrent avec toutes leurs forces de tous côtés... Ils
» attaquèrent la position d'où je t'écris avec plus de 25
» pièces de gros calibre et nous n'avions que deux
» pièces de 12, trois de 8, six de 4, et un obusier. La
» canonnade dura depuis six heures du matin jusqu'à
» sept heures du soir sans discontinuer. Le lieu où nous
» sommes est un plan d'environ mille toises carrées ; il
» tomba sur cette plaine au moins 800 boulets ; le régi-
» ment y a perdu 40 chevaux. Pendant ce temps, on
» attaquait notre gauche...... L'ennemi y tentait trois
» fois l'assaut d'une redoute, trois fois il fut repoussé ;
» il a perdu 1,200 hommes. La canonnade a été ter-
» rible à notre droite, mais pas plus désastreuse... On a
» fait partir de cette armée-ci beaucoup de monde pour
» le Nord, en sorte que l'armée est très faible. Son
» esprit est excellent, mais la trahison de ses chefs la
» rend plus méfiante et moins courageuse.

» Le régiment, dans la retraite, a déployé le carac-
» tère le plus énergique. Toute l'armée chante ses

» louanges, et aussitôt que nous paraissons, on entend : » « Vive le 10e chasseurs ! » Il est agréable d'être membre » d'un corps qui jouit d'une aussi heureuse réputation.

» Hier, dans les gorges de Vosges, deux bataillons » prirent la fuite honteusement et abandonnèrent leurs » canons. »

Le 10e régiment de chasseurs que Luckner avait choisi pour son avant-garde, que Custine employait pour couvrir sa retraite, et qui méritait les acclamations de l'armée, était de ceux qui avaient eu l'heureuse chance de conserver leur cadre d'officiers.

Le jeune Cornier cite en effet parmi les officiers présents au corps, outre MM. de Bouzet et du Chastelet, qui le quittèrent dès 1792, le premier pour prendre le commandement d'un autre régiment, le second pour commander une brigade, MM. d'Elbé, d'Ostein, de Bideren, Le Normand, de Marigny, de Marquessac, de Laval, etc. N'est-ce pas là le secret de la belle conduite de ce régiment et de sa supériorité sur tant d'autres corps, groupés autour d'officiers encore insuffisamment préparés ?

Charles de Cornier écrivit une dernière fois à sa famille, le 26 septembre, du *bivouac* entre Scheid et Steinfelt; et le 13 octobre, lorsque Custine évacua les lignes de Wissembourg, il se fit tuer à l'extrême arrière-garde de l'armée vaincue.

Sa mort héroïque fut un deuil pour son régiment. Nous en trouvons l'expression dans les lettres suivantes du lieutenant-colonel, le *citoyen* d'Ostein, adressées à M. de Cornier :

« Avant-garde de l'armée du Rhin, 30 Brumaire an II.

» Si l'attachement et l'amitié, mon cher doyen, im-

» posent des devoirs bien agréables, ils en imposent » aussi parfois de bien pénibles; tel est celui dont je » viens m'acquitter vis-à-vis de vous. J'ai déjà prévenu » votre frère que votre intéressant fils avait reçu une » balle à la tête dans l'affaire que nous avons eue » le 13 du mois dernier, et que la Faculté ne nous » donnait d'autre espoir de conserver notre cher cama- » rade que les ressources qu'on devait trouver dans un » sujet de son âge; cet espoir s'est évanoui. Qu'il m'en » coûte de vous annoncer la mort de votre enfant chéri. » Nos regrets sont tels qu'ils adouciraient vos peines » s'il était possible de les adoucir. Ce qui les adoucirait » encore, ce serait la valeur avec laquelle votre fils a » combattu. Etant détaché aux tirailleurs, il chargea » deux fois les ennemis pour secourir un chasseur du » régiment, blessé à mort, et qui allait être au pouvoir » de l'ennemi ; et c'est à la seconde fois qu'il chargea » qu'il reçut le coup fatal. Ce *héros* exécuta ces deux » actions malgré la recommandation qui lui avait été » faite de ne pas trop s'engager...... Sans les actions » nombreuses que nous avons eues depuis lors, le géné- » ral en chef aurait déjà rendu ce trait d'héroïsme public. »

Dans une seconde lettre datée *de l'avant-garde de l'armée du Rhin*, 13 ventôse an II, M. d'Ostein entre dans de plus longs détails : « ..... Le 13 octobre, il fut » détaché du régiment pour commander vingt-cinq » chasseurs en tirailleurs, dont l'objet était de couvrir » la retraite de son régiment qu'il aimait et dont il était » bien aimé et estimé. Ses camarades et ses chefs, » connaissant son ardeur et son intrépidité, ne manquè- » rent pas de lui observer qu'il était inutile qu'il s'ex- » posât, vu qu'on battait en retraite, mais l'occasion

» de se distinguer se présenta et toutes ces considéra-
» tions cédèrent à sa valeur.

» Un de ses chasseurs tombe de cheval, douze Autri-
» chiens s'avancent pour le tailler en pièces, votre digne
» fils et héros, quoiqu'il n'eût en ce moment que six
» chasseurs avec lui, charge ces douze ennemis, les
» repousse et parvient à délivrer son chasseur, mais il
» est atteint d'une balle qui lui traverse la tête, et ce
» coup fatal, *en enlevant un héros à la République*, nous
» priva tous de la satisfaction que nous aurions eue de
» voler à son secours.... Me méfiant de mon penchant
» en faveur de votre fils, j'ai lu ma lettre au Conseil
» d'administration du régiment. Tous ses membres
» m'ont demandé à la signer, disant qu'ils me savent
» bon gré de leur fournir l'occasion de rendre hommage
» à la vérité. » (*Suivent les signatures.*)

Les officiers du 10e chasseurs ne s'en tinrent pas à ce témoignage de leur admiration pour le sujet d'élite qu'ils venaient de perdre, et ils adressèrent à son père la curieuse pièce qui suit :

« Avant-garde de l'armée du Rhin.

» Nous, membres composant le Conseil d'adminis-
» tration du 10e régiment de chasseurs à cheval, certi-
» fions que Charles Cornier, fils de....., etc., sous-lieu-
» tenant audit régiment, où il a commencé à servir le
» 13 novembre 1791, s'est toujours conduit en héros

» républicain jusqu'au 13 octobre 1793, qu'il fut tué par » une balle qui lui traversa la tête, après avoir chargé » et mis en déroute douze hussards autrichiens avec » seulement six chasseurs qu'il avait avec lui, et aux- » quels il commanda de charger, se plaçant à leur tête, » pour délivrer un chasseur de la fureur de ces douze » hussards, qui étaient prêts à le tailler en pièces, s'ils » n'eussent été repoussés par la valeur de Charles Cor- » nier, mort en héros, le 13 octobre 1793 (vieux style).

» Donné à Neuhoffen, en Palatinat, le 15 germinal de » l'an IIe de la République française, une et indivisible.

» *Les membres du Conseil d'administration.* »

A l'avant-garde de l'armée du Rhin, en l'an II, on était assurément bon juge de la valeur d'un soldat, et pour que tous les officiers d'un régiment vinssent donner un témoignage aussi solennel à un enfant de dix-huit ans comme Charles de Cornier, ne fallait-il pas que sa conduite et sa mort eussent été vraiment admirables ?

Parmi les victimes des guerres de cette terrible année, il en est qui ont inspiré les artistes et les poètes ; tous, Barra par exemple, peuvent-ils apporter de leur héroïsme des témoignages aussi sûrs que le jeune sous-lieutenant du 10e chasseurs ? Si Barra fût tombé sous le sabre d'un hussard autrichien, son nom serait resté inconnu, et sa statue est moins un monument à sa gloire qu'un témoignage de haine pour la Vendée vaincue.

Les braves qui, comme le jeune Cornier, croyaient à la devise de la République et se faisaient tuer pour elle, « *pour faire trembler les despotes, et assurer la liberté de la* » *patrie,* » ne se doutaient guère que près d'un siècle plus tard on entendrait ainsi la fraternité républicaine.

En chargeant sans regarder au nombre pour empêcher son soldat blessé de tomber aux mains de l'ennemi, le jeune lieutenant du 10e chasseurs fit une action justement admirée de ses camarades et digne d'être portée à la connaissance de l'armée.

Mais ce qui nous frappe le plus en lui, c'est moins l'action d'éclat qui termine sa carrière que son admirable conduite pendant les deux ans qu'il a passés sous les drapeaux. A seize ans, il quitte son pays natal, sa famille dont il était tendrement aimé et pour laquelle, chaque ligne de sa correspondance en fait foi, il avait la plus vive affection. Il est jeté, tout à coup, dans la vie si rude des camps, il a à supporter toutes les misères et les souffrances de la guerre, et l'on ne trouve pas dans ses lettres une seule expression de regret, ou même d'hésitation. Dans les souvenirs de la maison paternelle, dont il aimait à rêver après ses rudes journées, il ne trouvait qu'un stimulant de plus pour son patriotisme et son courage. Enfin, lorsque ses chefs, désespérant de voir rendre justice à son mérite, l'engagèrent à quitter l'armée, il se montra moins découragé qu'eux-mêmes, et persista dans sa vocation militaire, comptant pour vaincre toutes les mauvaises volontés sur son zèle à remplir ses devoirs, son dévouement et sa vaillance.

Voilà ce qui fait de lui un rare modèle de patriotisme et un admirable exemple à proposer aux jeunes gens de son âge ; il accomplissait à peine sa dix-huitième année lorsqu'il fut tué.

Ses camarades eurent raison de déplorer sa perte, car parmi ceux qui se sont illustrés dans les grandes guerres de la fin du dernier siècle, il n'en est pas qui aient montré au début de leur carrière plus d'aptitudes et de vertus militaires. Les officiers du 10e régiment de chasseurs ont pu, ce me semble, écrire sans emphase, que depuis son arrivée au régiment, Charles Cornier, mort glorieusement le 13 octobre 1793, s'était toujours conduit en héros.

www.ingramcontent.com/pod-product-compliance
Ingram Content Group UK Ltd.
Pitfield, Milton Keynes, MK11 3LW, UK
UKHW020215180726
13838UKWH00005B/2012